Viel Spaß
beim Rätseln!

SCM

Stiftung Christliche Medien

SCM ist ein Imprint der SCM Verlagsgruppe, die zur
Stiftung Christliche Medien gehört, einer gemeinnützigen
Stiftung, die sich für die Förderung und Verbreitung christlicher
Bücher, Zeitschriften, Filme und Musik einsetzt.

© 2020 SCM Verlag in der SCM Verlagsgruppe GmbH
Max-Eyth-Straße 41 I 71088 Holzgerlingen
Internet: www.scm-verlag.de; E-Mail: info@scm-verlag.de

Illustrationen: Collaborate Agency
Druck und Verarbeitung: Leo Paper Products
Satz: Katrin Schäder, Velbert
ISBN 978-3-417-28891-9
Bestell-Nr. 228.891

Bettina Wendland

Tatort Reiterhof

Geschichten zum Mitfiebern
und Spurensuchen

Inhalt

Immer, wenn du dieses Zeichen siehst,
kannst du deine Entdeckerlampe
benutzen.

Rico ist verschwunden

„Oh, ein neues Pony! Wie süß!" Lara ist begeistert. Ein geschecktes Pony steht in der Box, die letzte Woche noch leer war. Neugierig schaut es Lara an. Als Lara zu ihm gehen will, hört sie hinter sich plötzlich eine Stimme: „Lass ihn in Ruhe! Rico ist mein Pony. Und der beißt." Lara dreht sich um. Vor ihr steht ein etwa elfjähriges Mädchen mit langen roten Haaren. Das hat Lara hier auf Gut Roderstein noch nie gesehen.

„Hallo, ich bin Lara. Seid ihr neu hier?", fragt sie freundlich.

„Ja, was denn sonst", antwortet das Mädchen mürrisch.

„Und wie heißt du? Und dein Pony?", will Lara wissen.

„Ich bin Lili und das ist Rico. Aber er ist echt ein Blödmann." Lili greift nach dem Halfter und dem Strick, die vor Ricos Box hängen, und öffnet die Tür.

„Komm schon, Blödmann", meckert sie und streift dem Pony das Halfter über. Dann führt sie

Welche zwei Pferde sind gleich?
Wenn du deine Lösung überprüfen willst,
benutze deine Geheimlampe!

es nach draußen und bindet es am Putzplatz an. Sie holt eine Putzbox aus dem Stall und fängt an, das Pony zu striegeln.

Lara schaut ihr einen Moment zu. Dabei fällt ihr auf, dass Lili ziemlich lange Ohrringe hat. Sie sehen aus wie Schlangen. Sandra sagt immer, dass man beim Reiten am besten gar keinen Schmuck tragen soll. Sie ist die Besitzerin und Reitlehrerin von Gut Roderstein.

Lara zuckt die Schultern. Komisches Mädchen, diese Lili. Dabei sind sie fast im selben Alter. Letzten Monat ist Lara zehn geworden. Aber vielleicht hält sich Lili für was Besseres, weil sie ein eigenes Pferd hat. Lara seufzt. Das wäre ihr großer Traum: ein eigenes Pony. Die Schulpferde auf Gut Roderstein sind wirklich toll, besonders ihr Lieblingspony Luna. Aber ein eigenes Pferd wäre etwas ganz anderes. Dann könnte sie jeden Tag reiten. Und nicht nur zweimal in der Woche.

Lara schnappt sich Lunas Putzzeug und bringt es ebenfalls raus zum Putzplatz. Lili schaut nicht mal auf. Dann holt Lara Luna aus ihrer Box und bindet sie neben Rico an. „Reitest du auch gleich in der Stunde?", macht sie noch einen Versuch, mit Lili ins Gespräch zu kommen.

„Muss ich ja wohl", erklärt Lili unfreundlich.

Lara gibt es auf. Dieses Mädchen will wohl niemanden hier kennenlernen. Dann eben nicht. Lara bürstet Lunas struppiges schwarzes Fell kräftig mit dem Striegel. Sand rieselt auf den Boden.

Weißt du, was ein Paddock ist? Wenn nicht, kannst du mit deiner Geheimlampe nachsehen.

Der Paddock

„Na, hast du dich heute auf dem Paddock wieder gewälzt?", fragt Lara das Pony lachend.

Als sie es fertig geputzt hat, holt sie Sattel und Zaumzeug aus der Sattelkammer. Dort trifft sie Lukas. Er sucht die Satteldecke von Zorro, einem eleganten schwarzen Pferd, das seiner Tante gehört.

„Hi, Lara. Heute sind wir nur zu viert in der Stunde, hat Sandra gesagt. Sind wohl viele noch im Urlaub." Lukas hat endlich die richtige Satteldecke gefunden und schleudert sie durch die Luft. „Hier bist du ja, du Mistvieh!", ruft er.

„Hast du die Neue schon kennengelernt?", fragt Lara.

„Lili? Ja, wir hatten das Vergnügen. Wobei – ein Vergnügen war es eigentlich nicht. Sie tut so, als sei es eine Strafe zu reiten."

„Ich versteh es auch nicht. Aber vielleicht wollte sie lieber am alten Stall bleiben", überlegt Lara.

„Oder es ist was ganz anderes. Ihre Eltern haben sich getrennt oder so. Ist bei einer Freundin aus meiner Klasse so, und die hat seitdem auch immer miese Laune. Kann man ja auch verstehen."

„Na ja, vielleicht taut sie ja noch auf", meint Lukas. „Jetzt muss ich aber Zorro satteln. Bis gleich!"

„Ja, bis gleich", ruft Lara.

Heute macht Sandra die Reitstunde. Ihr und ihrem Mann Marc gehört Gut Roderstein. Sandra war mal eine ziemlich erfolgreiche Turnierreiterin. Aber nun ist ihr Pferd Ronaldo zu alt für den Dressursport. Und sie hat sie keine rechte Lust, mit einem anderen Pferd zu Turnieren zu fahren. Mittlerweile macht es ihr mehr Spaß, Kindern und Jugendlichen das Reiten beizubringen.

Lara führt Luna zum Reitplatz. Lili folgt ihr mit

ihrem Pony. Lukas sitzt bereits auf Zorro und reitet ihn im Schritt warm. Auch Lara und Lili steigen auf. Als letzte kommt Ella mit Cookie auf den Platz. Cookie ist ziemlich faul. Es dauert immer ewig, bis man ihn bis zum Reitplatz geführt hat. Nach ein paar Runden im Schritt kontrolliert Sandra, ob der Sattelgurt auch fest ist. Dann dürfen die Kinder traben. Lara blickt zu Lili rüber. Sie reitet nicht schlecht. Aber Rico hat heute anscheinend keine Lust. Immer wieder bleibt er stehen. Lili holt mit ihrer Gerte aus.

„Hey, warte", ruft Sandra. „Bevor du die Gerte nimmst, solltest du erst mal richtig mit deinen Schenkeln treiben. Versuch es mal!" Und tatsächlich: Rico trabt wieder an. „Dein Pony merkt, wenn du keine Lust hast", erklärt Sandra. Der Rest der Stunde verläuft ganz gut. Lara hat ein bisschen Schwierigkeiten, mit Luna zu galoppieren. Aber nach ein paar Versuchen klappt auch das.

Nach der Stunde bringen die Kinder die Pferde zurück in den Stall. Lili sagt die ganze Zeit kein Wort. Lara, Ella und Lukas quatschen noch ein bisschen miteinander. Dann wird Lara abgeholt.

Im Auto erzählt sie ihrer Mutter von Lili und

Rico. „Sie hat so ein hübsches Pony. Aber sie scheint sich überhaupt nicht darüber zu freuen. Ich verstehe das nicht."

Als Lara drei Tage später wieder am Stall ist, kommt Sandra auf sie zu. „Hallo, Lara. Würdest du heute vielleicht Rico reiten? Lili ist seit zwei Tagen nicht aufgetaucht und auch sonst niemand von ihrer Familie. Ich erreiche sie nicht. Rico kann doch nicht immer nur rumstehen. Und ich kann ihn nicht reiten. Ich bin zu groß und zu schwer."

Lara strahlt: „Na klar! Gern!" Komisch ist das ja schon, dass Lili und ihre Eltern sich nicht um das Pony kümmern. Aber sie freut sich sehr, dass sie dieses schöne Pony reiten darf. Und es macht auch großen Spaß. Lara kommt in der Reitstunde sehr gut mit Rico zurecht. Sandra lobt sie: „Das machst du richtig gut!"

Als Lara nach dem Reiten gerade den Sattel in der Sattelkammer aufhängt, kommt Sandra herein. „Ich bin wirklich ratlos. Ich habe jetzt so oft versucht, Lilis Eltern zu erreichen. Aber sie rufen nicht zurück. Die können doch nicht ihr Pferd hier stehen lassen und verschwinden."

„Vielleicht ist ja was Schlimmes passiert", überlegt Lara. „Ein Unfall oder so ..."

„Ja, das kann natürlich sein. Vielleicht fahre ich heute Abend mal bei ihnen zu Hause vorbei und schaue nach, ob alles in Ordnung ist."

Am nächsten Morgen erzählt Laras Mama beim Frühstück, dass Sandra angerufen hat. „Sie ist extra bei Lilis Familie vorbeigefahren. Aber die wohnen gar nicht an der Adresse, die sie angegeben haben. Das ist alles sehr merkwürdig. Jedenfalls hat Sandra gefragt, ob du dich regelmäßig um Rico kümmern kannst. Wir haben abgemacht, dass du Rico viermal in der Woche putzt und reitest. Vorausgesetzt, du bist einverstanden."

„Natürlich bin ich das!", ruft Lara begeistert.

Am Nachmittag bringt ihre Mutter sie zum Stall.

„Schön, dass du da bist", begrüßt Sandra sie. „Das hatte ich auch noch nicht, dass Leute ihr Pferd hier unterstellen und dann nicht wieder auftauchen ..." Sie zeigt auf eine Putzbox im Regal. „Hier sind Ricos Putzsachen drin. Du kannst ihn ja fertigmachen und dann gleich in der Reitstunde mitreiten. Danke, dass du dich um ihn kümmerst."

„Das mache ich doch gern", bestätigt Lara. Sie öffnet Ricos Putzbox und untersucht den Inhalt. Was sie dort findet, bringt sie zum Staunen.

Weißt du, wie diese Dinge heißen?
Was gehört nicht in die Putzbox?

In den nächsten Wochen ist Lara sehr glücklich. Viermal in der Woche ist sie am Stall und kümmert sich um Rico. Sie putzt ihn, reitet ihn, geht mit ihm grasen … Es fühlt sich fast so an, als sei Rico ihr eigenes Pony. Davon hat Lara schon immer geträumt. Aber sie hat auch ein bisschen Angst: Das kann ja nicht immer so weitergehen. Ricos Besitzer zahlen keine Boxenmiete. Und Sandra braucht das Geld für die Box. Wenn die Besitzer sich nicht melden, muss sie Rico woanders unterbringen, damit sie ihre Box wieder vermieten kann. Aber Lara verdrängt solche Gedanken. Sie versucht, die Zeit mit Rico zu genießen.

Heute ist Samstag. Lara ist extra früh aufgestanden, um zum Stall zu fahren. Sie will Ricos Sattel und Zaumzeug mal ordentlich saubermachen. Als sie am Stall ankommt, ist Ricos Box leer. „Vielleicht wird er gerade von Sandra longiert", überlegt Lara. Sie läuft zur Reithalle. Sandra longiert dort tatsächlich ein Pferd. Aber es ist nicht Rico, sondern Ronaldo, Sandras Dressurpferd.

Longieren:

Als Sandra Lara sieht, bringt sie Ronaldo zum Stehen. Sie fordert Lara auf: „Komm rein!" Lara öffnet das Tor zur Reithalle. „Tür frei", ruft sie. Es ist zwar außer Sandra und Ronaldo niemand in der Halle. Aber es ist eine strenge Regel, dass man immer erst „Tür frei" rufen muss, bevor man die Halle betritt.

Dann geht Lara zu Sandra in die Hallenmitte. „Was ist mit Rico?", fragt sie besorgt.

„Rico ist verschwunden", sagt Sandra. „Ich kann es mir auch nicht erklären. Als ich vorhin zum Füttern in den Stall kam, war seine Box leer. Das Stalltor war aber abgeschlossen."

„Dann hat ihn jemand gestohlen", vermutet Lara.

„Aber der Dieb muss einen Schlüssel zum Stall haben. Das Tor wurde nicht aufgebrochen. Ich habe schon die Polizei angerufen. Sie muss bald hier sein."

In diesem Moment fährt ein Auto auf den Hof. Marc, Sandras Mann, schaut in die Halle. „Die Polizei ist da. Soll ich dir Ronaldo abnehmen? Dann kannst du mit ihnen sprechen."

„Ja, gern", erwidert Sandra.

„Darf ich mitkommen zu den Polizisten?", fragt Lara.

„Natürlich", meint Sandra.

Nachdem Sandra ihrem Mann die Longe in die Hand gedrückt hat, geht sie mit Lara zum Polizeiwagen. Zwei Beamte sind gerade ausgestiegen. Ein großer, dunkelhaariger Mann und eine dünne, blonde Frau. Sie schütteln Sandra die Hand. Lara hält sich im Hintergrund.

„Bitte zeigen Sie uns den Stall, aus dem das Pferd verschwunden ist", fordert der Polizist.

„Ja, hier entlang." Sandra führt die Polizisten zu dem Stall, in dem sich Ricos Box befindet. Lara geht ihnen mit ein bisschen Abstand hinterher. Zuerst untersuchen die Polizisten ganz genau das Stalltor.

„Nein, das ist tatsächlich nicht aufgebrochen worden", bestätigt die Polizistin Sandras Vermutung. Dann sehen sich die Polizisten Ricos Box an. „Haben Sie hier etwas angefasst? Oder weggeräumt?"

Sandra schüttelt den Kopf. „Nein, ich habe alles so gelassen, wie es war. Ich habe sofort bei Ihnen angerufen. Mir war klar, dass Rico nicht al-

lein abgehauen sein kann. Der Stall war ja abgeschlossen."

Die Polizistin geht in Ricos Box und schiebt das
Stroh hin und her. „Was ist das denn?", ruft sie
plötzlich und hebt etwas auf.

Was findet die Polizistin in Ricos Box, was
nicht dorthin gehört? Schau genau hin, bevor
du die Lösung mit deiner Lampe kontrollierst!

„Ich weiß, wem der gehört", sagt Lara leise. Die Polizistin dreht sich zu ihr um. „Ja? Wem denn?"

„Ich habe Lili mit solchen Ohrringen gesehen. Das Mädchen, dem Rico gehört", erklärt Lara. „Vielleicht hat Lili Rico gestohlen. Aber das ist ja eigentlich kein Diebstahl. Er ist ja ihr Pony."

„Warum sollte sie ihr eigenes Pferd stehlen?", fragt der Polizist. „Das ergibt doch keinen Sinn."

„Doch, irgendwie schon", meint Sandra. „Lili, oder besser Lilis Eltern haben seit Wochen keine Boxen-miete gezahlt. Sie sind auch schon lange nicht mehr hier gewesen, um sich um das Pony zu kümmern. Und wir haben sie nicht erreichen können."

„Das wäre dann also Unterschlagung der Bo-xenmiete", stellt die Polizistin fest. „Hatte diese Lili denn einen Schlüssel zum Stall?"

„Ja, natürlich", erklärt Sandra. „Die Pferdebesit-zer bekommen einen Schlüssel, weil sie manch-mal noch spät am Abend kommen, um nach ihrem Pferd zu sehen oder zu reiten. Und wir schließen meist schon um sieben Uhr abends ab."

„Haben Sie denn gestern Abend oder heu-te Nacht nichts gehört? Die müssen ja mit einem

Pferdetransporter gekommen sein", stellt der Polizist fest.

„Nein." Sandra schüttelt den Kopf. „Wir haben tatsächlich nichts gehört. Vielleicht haben sie etwas weiter weg geparkt und das Pony dorthin geführt."

„Okay, dann werden wir mal sehen, ob es noch weitere Spuren gibt", erklärt die Polizistin. Zusammen mit ihrem Kollegen untersucht sie den Boden rund um den Stall.

„Sie hatten recht. Die haben das Auto mit dem Pferdeanhänger vorn an der Straße geparkt. Und sie sind mit dem Pony wohl dahin gelaufen. Aber wo sie dann hingefahren sind, das können wir leider nicht feststellen. Aber Sie haben doch sicher die Adresse der Besitzer?", fragt der Polizist.

Sandra schaut unglücklich. „Sie haben mir eine Adresse genannt, aber da wohnen sie nicht. Ich war vor Kurzem dort. Die Adresse stimmt nicht."

Tinker

„Nun, wir könnten noch beim Pferdemetzger nachfragen, ob dort ein Tinker abgegeben wurde", überlegt die Polizistin. „Für ein Schlachtpferd bekommt man doch auch etwas Geld, nicht wahr?"

Jetzt kann sich Lara nicht mehr zusammenreißen. Sie fängt an zu weinen. „Nein, das dürfen die nicht. Sie können Rico doch nicht zum Metzger bringen." Die Tränen laufen ihr übers Gesicht. Sandra nimmt sie in den Arm.

„Das glaube ich nicht. Für so ein Pony bekommt man kaum etwas. Und Rico ist ja ein fittes Pony. Man hat mehr davon, wenn man ihn weiterverkauft."

In der Zwischenzeit hat Marc Ronaldo in seine Box gebracht und ist zu ihnen gestoßen. Er hat Sandras letzte Worte gehört. „Wir können doch gleich mal nachsehen. Es gibt ja nicht so viele Seiten im Internet, wo man Pferde verkaufen kann."

„Die werden doch nicht so dumm sein, das Pony direkt im Internet zum Verkauf anzubieten", widerspricht Sandra.

„Doch, die sind so dumm." Marc muss ein Lachen unterdrücken. „Schaut mal, was ich entdeckt habe!" Er hält Sandra das Handy hin.

„Das ist doch unglaublich!", ruft diese.

„Was ist denn?", fragt Lara schüchtern.

„Hier ist eine Verkaufsanzeige für ein Pony. Ein Pony, das genauso aussieht wie Rico." Sandra zeigt Lara die Fotos. „Das ist er doch, oder?"

„Ja klar, das ist Rico!", ruft Lara begeistert.

„Dann ist er doch nicht beim Metzger gelandet."

Die beiden Polizisten kommen heran. „Darf ich mal sehen?", fragt die Frau. Sandra gibt ihr das Smartphone.

„Das ist er also? 3000 Euro wollen sie für ihn haben. Ist das ein normaler Preis?", will der Polizist wissen.

„Ja, für ein Pony wie Rico passt das schon. Vielleicht eher 2500, aber man nennt ja immer einen etwas höheren Preis", erklärt Sandra.

Der Polizist überlegt. „Das Einfachste wäre, jemand würde da anrufen und so tun, als wolle er das Pony kaufen. Dann müssen sie ihm ja die Adresse nennen."

„Das kann ich machen", meint Lara.

„Nein, ein Kind können wir da nicht anrufen lassen", überlegt Sandra. „Und ich kann es auch nicht tun. Meine Stimme würden sie vielleicht erkennen. Aber du kannst doch da anrufen, Marc. Deine Stimme kennen sie nicht."

Marc nickt. „Ja, das mache ich." Er sieht sich die Anzeige noch mal an und wählt dann die angegebene Nummer.

„Hallo? Schneider hier." Marc nennt natürlich nicht seinen richtigen Nachnamen. „Ich habe Ihre Anzeige von dem Tinkerpony gesehen. Ist es noch zu haben? Ich würde es gern für meine Tochter kaufen. Können wir es uns mal ansehen?" Marc wartet einen Moment. „Okay, und wo steht das Pony? – Ah, auf dem Moorhof. Das ist doch in Großdorf, nicht wahr? Können wir direkt vorbeikommen?" Marc nickt Sandra zu. „Ja, prima. Dann bis gleich. In etwa einer halben Stunde sind wir da."

Marc beendet das Gespräch und schaut die Polizisten an. „Ich hoffe, sie haben keinen Verdacht geschöpft. Aber ich glaube es nicht. Rico ist auf dem Moorhof untergebracht. Das ist etwa 20 Minuten von hier. Am besten fahren wir gleich los."

„Ja, gut. Sie fahren vor. Wir bleiben etwas hinter Ihnen", erklärt der Polizist. „Hier ist meine Handynummer." Er gibt Marc eine Karte mit seiner Nummer. „Schicken Sie mir eine Nachricht, wenn es wirklich Rico ist. Und Sie", er zeigt auf Sandra, „fahren am besten bei uns im Wagen mit. Damit Sie nicht gleich erkannt werden."

„Darf ich mitfahren?", fragt Lara schüchtern. „Ich kann ja deine Tochter spielen", sagt sie an Marc gerichtet.

„Aber Lili kennt dich doch", wirft Sandra ein.

„Ja, stimmt", erwidert Lara kleinlaut.

„Du kannst auch bei uns mitfahren", schlägt die Polizistin vor. „Wir können dich ja schlecht hier allein lassen."

Lara nickt dankbar. Die beiden Polizisten, Sandra und Lara steigen in den Polizeiwagen. Marc nimmt seinen Geländewagen. Er fährt vor. Der Polizeiwagen folgt ihm.

Weiterlesen auf Seite 30

Moorhof

Welcher Weg führt von Gut Roderstein zum Moorhof? Wenn Du es nicht herausbekommst, ist auf dieser Seite ein kleiner Tipp versteckt.

Gut
Roderstein

A

B

C

D

E

29

„Sandra, kann ich dich mal was fragen?", beginnt Lara.

„Ja klar, was denn?"

„Du sagst ja immer, dass man ehrlich sein soll. Dass man nicht lügen soll. Zum Beispiel, wenn man die Reitstunde vergessen hat. Dann soll man das zugeben. Und keine Ausrede erfinden. Aber gerade hat Marc ja auch gelogen. Er heißt Becker und nicht Schneider. Und er hat auch keine Tochter."

Sandra überlegt einen Moment. „Ja, du hast recht. Uns ist es wichtig, möglichst immer die Wahrheit zu sagen. Aber manchmal ist das sehr schwierig. Und in diesem Fall ging es nicht. Die Besitzer von Rico sind Betrüger. Sie haben ihn mehrere Wochen in unserem Stall stehen lassen, ohne etwas für die Box und das Futter zu bezahlen. Und sie haben sich auch nicht um ihn gekümmert.

Wir müssen jetzt dafür sorgen, dass es Rico gut geht. Und wir müssen versuchen, das Geld zurückzubekommen, das sie uns schulden. Wenn wir da angerufen hätten und gesagt hätten, wer wir wirklich sind, hätten sie vielleicht Rico genommen und woanders versteckt. Oder sie wären einfach abgehauen."

„Ach so", meint Lara. „Also darf man im Notfall doch lügen?"

„Man muss es sich immer gut überlegen und auf sein Gewissen hören. Wenn es irgendwie geht, sollte man die Wahrheit sagen. Aber im Leben ist leider nicht immer alles so einfach ..."

Die Polizistin auf dem Beifahrersitz dreht sich um. „Herr Becker musste diesen Trick anwenden, um unsere Arbeit zu unterstützen. Wir von der Polizei sind ja auch immer für Ehrlichkeit. Aber in diesem Fall kann uns dieser Trick helfen, die Betrüger zu fassen und das Pony zu finden."

„Aber es sollte wirklich eine Ausnahme sein", betont Sandra. „Oh, wir sind gleich da. Da vorn hinter der nächsten Kreuzung befindet sich der Moorhof. Vielleicht bleiben wir lieber hier stehen."

Der Polizist lenkt den Wagen an den Straßenrand und schaltet den Warnblinker an. Gespannt warten sie ab, was passiert.

In der Zwischenzeit ist Marc auf dem Moorhof angekommen. Er stellt seinen Wagen auf dem Parkplatz ab und steigt aus. Suchend schaut er sich um. Ein Mann kommt auf ihn zu.

„Sind Sie Herr Schneider?"

Marc nickt. „Ja, ich bin wegen des Ponys hier. Wo ist es denn?"

„Kommen Sie mit", sagt der Mann mürrisch.

„Das ist bestimmt Lilis Vater", denkt Marc. Sie betreten einen Stall mit drei Boxen. In der mittleren Box steht tatsächlich Rico. „Ist er das?", fragt Marc.

„Hmmm", brummt der Mann. „Haben Sie denn Ihre Tochter nicht mitgebracht? Die sollte ihn vielleicht besser zur Probe reiten. Sie können sich da ja nicht draufsetzen."

Marc nickt. „Ja, meine Frau und meine Tochter sind noch unterwegs. Müssten eigentlich gleich hier sein. Ich schreibe ihnen und frage, wo sie bleiben." Er holt sein Smartphone aus der Tasche und schreibt eine Nachricht.

Was denkst du: Wem schreibt Marc? Was schreibt er?

Dann schaut er sich suchend um und entdeckt an einem Haken ein Halfter und einen Strick. „Ich hole ihn schon mal aus der Box, okay?"

Der Mann nickt. Marc halftert Rico und führt ihn auf den Platz vor dem Stall. In diesem Moment fährt der Polizeiwagen auf den Hof.

„Was ist denn das?", ruft der Mann erschrocken. Er blickt erst zu Marc, dann zu dem Pony. „Du hast mich reingelegt, du Mistkerl!", schimpft er.

„Den Mistkerl gebe ich gern zurück", meint Marc ungerührt. „Erst lassen Sie Ihr Pony wochenlang bei uns im Stall stehen. Ohne sich darum zu kümmern und ohne etwas zu bezahlen. Und dann holen sie es heimlich nachts ab, um es weiterzuverkaufen. Das ist ziemlich unverschämt. Und kriminell."

Inzwischen sind die Polizisten mit Sandra und Lara bei ihnen angekommen.

„Sind Sie der Besitzer dieses Ponys?", fragt die Polizistin.

„Ja", gibt der Mann zerknirscht zu.

„Dann sind Sie Herr Neuhaus, richtig? Was haben Sie sich denn bei der ganzen Sache gedacht?"

„So ein Pony ist einfach total teuer. Das haben wir vorher nicht gewusst. Wir wollten Lili eine Freude machen. Aber sie hatte schon bald keine Lust mehr zu reiten. Und dann habe ich meinen Job verloren. Und wir wussten nicht mehr, wie wir die Box bezahlen sollten."

„Aber warum haben Sie nicht mit uns gesprochen?", will Sandra wissen. „Dann hätten wir bestimmt eine Lösung gefunden."

„Es war mir peinlich", gibt Herr Neuhaus zu. „Ich habe es nicht geschafft. Und dann war es irgendwann auch zu spät. Es wurde immer schlimmer. Deshalb haben wir überlegt, dass wir Rico jetzt verkaufen. Von dem Geld hätten wir dann die Schulden bei Ihnen bezahlt."

„Das glauben Sie doch selbst nicht", schnaubt Marc wütend. „Sie hätten sich das Geld eingesteckt und sich nie wieder bei uns gemeldet. Sie haben ja von Anfang an eine falsche Telefonnummer und Adresse bei uns angegeben. Sie wollten sichergehen, dass wir Sie nicht finden, wenn Sie die Boxenmiete nicht bezahlen können."

„Ich sag nichts mehr", brummt Herr Neuhaus.

„Dann kommen Sie jetzt erst mal mit uns mit", meint der Polizist. „Und wir klären den Sachverhalt. Betrug ist es so oder so."

„Und was wird aus Rico?", will Lara wissen.

„Der wird polizeilich beschlagnahmt", sagt die Polizistin. „Aber in der Polizeiwache können wir ihn nicht unterbringen." Sie wendet sich an Sandra. „Wäre es möglich, dass Sie Rico erst einmal bei sich unterbringen, bis wir alles geklärt haben?"

Sandra nickt. „Ja klar, das können wir machen. Wir haben ja eine treue Pflegerin für ihn." Sie lächelt Lara zu. Die nickt begeistert.

„Okay, dann hole ich einen Pferdehänger", erklärt Marc. „Bleibt ihr so lange hier?", fragt er Sandra und Lara.

„Ja, das machen wir", erwidert Sandra. Sie nimmt Marc Ricos Strick aus der Hand und führt ihn wieder in seine Box. Die Polizisten fahren mit Herrn Neuhaus zur Polizeiwache. Marc steigt in seinen Wagen, um den Anhänger zu holen. Jetzt erst merkt Lara, wie aufgeregt sie ist. Ihr Herz klopft bis zum Hals. Sie geht zu Ricos Box und streichelt seine Mähne. „Alles wird gut", flüstert sie.

Was meinst du, was nun mit Rico passiert?
Kreuze mit deinem Geheimstift die Lösung an.

☐ Er wird verkauft. Das Geld bekommen Sandra und Marc als Entschädigung.

☐ Sandra übernimmt Rico und setzt ihn als Schulpferd ein.

☐ Laras Eltern kaufen Rico und schenken ihn ihr. Das Geld aus dem Verkauf bekommen Sandra und Marc.

Als Lara an diesem Abend nach Hause kommt, stürzt sie in die Küche. Ihre Eltern und ihr Bruder Jonas sitzen am Tisch und warten mit dem Essen auf sie.

„Da bist du ja endlich", begrüßt sie ihr Vater.

„Mama, Papa, können wir Rico kaufen?"

Laras Mutter lacht. „Jetzt setz dich doch erst mal. Was ist denn passiert? Du bist ja ganz aufgeregt!"

Lara setzt sich an den Tisch und schnappt sich ein Brötchen aus dem Korb. Dann fängt sie an zu erzählen, was an diesem Nachmittag alles geschehen ist. Ihre Familie hört ihr ungläubig zu.

„Und du bist wirklich im Polizeiwagen mitgefahren?", will Jonas wissen.

„War das denn nicht gefährlich?", fragt Laras Vater.

Und ihre Mutter seufzt: „Ich weiß ja, wie gern du Rico hast. Aber wir können doch kein Pferd kaufen."

„Er ist ja kein richtiges Pferd", widerspricht Lara. „Er ist nur ein Pony. Die fressen nicht so viel", erklärt sie.

„Das Futter ist das geringste Problem", erwidert ihre Mutter. „Aber zu den Kosten für die Box und das Futter kommen ja der Hufschmied und der Tierarzt. Und natürlich das Geld, um ihn zu kaufen. Und dann muss man sich jeden Tag um das Pony kümmern."

„Das würde ich doch machen", ruft Lara. „Ich war jetzt auch schon fast jeden Tag da und habe mich um Rico gekümmert."

„Ich würde Lara auch helfen", schlägt Jonas vor. Eigentlich interessiert er sich sonst nicht für Pferde.

Lara fällt ihm um den Hals. „Das ist so lieb von dir!", ruft sie begeistert.

Laras Vater hat bisher nichts dazu gesagt. Nun räuspert er sich: „Ich kann dich sehr gut verstehen, Lara. Ich weiß, dass es dein großer Traum ist, ein eigenes Pony zu haben. Aber wir können es uns einfach nicht leisten. Es ist zu teuer. Tut mir leid!"

Lara kommen die Tränen. Sie springt auf und rennt aus der Küche. „Ihr seid so doof", ruft sie ihren Eltern noch zu, bevor sie die Tür zuknallt.

„Und wenn ich euch mein Taschengeld gebe?", fragt Jonas.

Sein Vater streicht ihm über den Kopf: „Das ist sehr lieb von dir. Aber das reicht leider nicht."

Am nächsten Tag ist Lara wieder am Stall. Zuerst geht sie zu Ricos Box.

Traurig streichelt sie seinen Hals. Da kommt Sandra die Stallgasse entlang. „Hey, Lara. Na, hast du die Aufregung von gestern gut überstanden?"

„Ja, schon", antwortet Lara. „Was wird denn jetzt aus Rico? Ich habe meine Eltern gefragt, ob wir ihn kaufen können. Aber sie meinen, wir hätten nicht genug Geld."

„Mit einem Pferd sind tatsächlich eine Menge Kosten verbunden", erklärt Sandra. „Das muss man sich gut überlegen. Da kann ich deine Eltern verstehen. Aber vielleicht gibt es ja noch eine andere Lösung." Sandra macht eine kurze Pause. Lara blickt sie erwartungsvoll an.

„Wenn es klappt, können wir Rico als Schulpferd übernehmen", erklärt Sandra. „Sozusagen als Ausgleich für die Schulden, die Lilis Eltern bei uns haben."

Lara nickt. Und Sandra fährt fort: „Ich würde dich gern als Pflegebeteiligung bei Rico einsetzen. Du weißt ja, dass wir für alle Schulpferde immer einen oder zwei Reiter oder Reiterinnen haben, die sich um das Pferd kümmern: die Hufe fetten, den Sattel putzen – solche Sachen halt. Als Ausgleich machen wir immer wieder mal besondere Aktionen – Ausritte oder spezielle Reitstunden. Eigentlich nehmen wir nur Jungen und Mädchen ab 13 als Pflegebeteiligung. Aber bei dir würde ich eine Ausnahme machen. Du hast in den letzten Wochen gezeigt, dass du super zuverlässig bist. Du hast dich toll um Rico gekümmert. Ich würde mich freuen, wenn du das auch weiter tun würdest."

Laras Augen strahlen. Sie nickt heftig. „Ja, das würde ich sehr gern tun", sagt sie. Und dann fällt sie Sandra um den Hals.

Eine rätselhafte Verletzung

Es ist Samstagmorgen. Lukas kommt gut gelaunt mit seinem Fahrrad auf Gut Roderstein an. Er freut sich auf einen Vormittag mit Zorro. Zorro ist ein unglaublich schönes Pferd. Er ist ganz schwarz und sieht sehr edel aus. Eigentlich gehört er Lukas' Tante Sophie. Aber die arbeitet viel. Sie hat nur selten Zeit zum Reiten. Deshalb kümmert sich Lukas meistens um das Pferd.

Heute will er mit Zorro zum ersten Mal an der Springstunde teilnehmen. Vielleicht kann er nächstes Jahr beim Turnier in einem Springen starten. Vergnügt pfeift Lukas vor sich hin. Er schließt sein Fahrrad ab und läuft zum Stall. Zorro begrüßt ihn heute nicht wie sonst mit einem Wiehern. Im Gegenteil: Er steht mit hängendem Kopf in seiner Box und sieht Lukas traurig an.

„Hey, Zorro, was ist denn los? Wir dürfen heute springen! Freust du dich nicht?" Lukas wundert sich sehr. Sonst ist Zorro immer fröhlich, wenn Lukas kommt. Das liegt wahrscheinlich daran, dass

Lukas immer ein Leckerchen in der Hosentasche hat. Aber heute ist er so anders.

Lukas öffnet die Tür zu Zorros Box und geht hinein. Zorro zuckt zurück.

„Hey Kumpel, ich bin's doch", sagt Lukas freundlich. Er will ihm beruhigend über den Rücken streichen, doch schnell zieht er seine Hand zurück. „Mist, was ist das denn?", ruft Lukas erschrocken. Auf Zorros Kruppe, dem hinteren Teil des Rückens, sind vier blutige Wunden zu sehen.

Woran könnte sich Zorro so verletzt haben?

„Was hast du denn gemacht?", fragt Lukas. Natürlich weiß er, dass Zorro ihm nicht antworten kann. Lukas sieht sich in Zorros Box um: Woran könnte er sich verletzt haben? Aber er kann nichts entdecken.

In diesem Moment betritt Sandra den Stall. „Guten Morgen, Lukas", begrüßt sie ihn. „Freut ihr euch schon auf die Springstunde?"

Lukas antwortet nicht auf ihre Frage. „Sandra, komm mal bitte her", sagt er stattdessen. Sandra schaut ihn erstaunt an. Wieso ist Lukas so ernst? Er ist doch sonst immer so fröhlich.

„Stimmt was nicht?", fragt Sandra und kommt näher.

„Schau dir mal seine Kruppe an", ruft Lukas aufgeregt. „Er hat gleich vier Wunden."

Sandra betritt ebenfalls die Box und sieht sich Zorros Rücken an. „Ach du meine Güte, das sieht ja furchtbar aus!"

„Woher kann das kommen?", fragt Lukas. „Ich habe schon die Box abgesucht. Aber hier ist nichts, womit er sich so verletzen kann. Oder siehst du etwas?" Lukas schaut Sandra fragend an.

Die Reitlehrerin schüttelt den Kopf. „Nein, das

hat er sich nicht selbst zugefügt. Ich habe da einen Verdacht."

„Was denn?", will Lukas wissen.

„Moment. Bin gleich wieder da." Sandra verlässt die Box und läuft die Stallgasse entlang. Lukas schaut ihr fragend nach. Wenige Sekunden später ist Sandra wieder da. In der Hand hält sie eine Mistgabel. „Das könnte passen, oder?"

„Du meinst …?" Lukas bleibt die Sprache weg. „Du denkst, dass jemand ihn mit der Mistgabel verletzt hat? Aber das muss ja absichtlich geschehen sein. Das passiert doch nicht einfach so."

Sandra guckt betrübt. „Ja, es sieht so aus, als habe das jemand ganz bewusst gemacht. Auch wenn ich es mir absolut nicht vorstellen kann."

„Vielleicht sind da ja noch Fingerabdrücke dran", überlegt Lukas.

Sandra schüttelt den Kopf. „Danach brauchen wir nicht zu suchen. Wir würden die Abdrücke von allen finden, die schon mal eine Box gemistet haben. Nein, so kommen wir nicht weiter."

Sandra bringt die Mistgabel wieder weg. Dann holt sie ihr Handy aus der Hosentasche.

„Ich rufe erst mal den Tierarzt an. Der muss sich das ansehen. Die Wunden müssen desinfiziert werden. Und dann sage ich Sophie Bescheid. Schließlich ist es ihr Pferd."

„Danke, dass du dich darum kümmerst", sagt Lukas. „Die Springstunde heute können wir vergessen, nicht wahr?"

„Ja, das ist leider so. In dem Zustand kannst du ihn auf keinen Fall reiten. Die Wunden müssen zuerst heilen." Sandra telefoniert kurz mit dem Tierarzt.

„Wir haben Glück. Er ist ganz in der Nähe auf einem Hof. In einer halben Stunde kann er hier sein." Dann ruft Sandra Lukas' Tante an und erzählt ihr, was passiert ist.

„Sophie ist noch in München", erklärt sie Lukas, nachdem sie das Gespräch beendet hat. „Sie kommt erst nächste Woche nach Hause. Ich soll mich um alles kümmern. Das mache ich natürlich."

Lukas hat sich mutlos vor Zorros Box auf den Boden gesetzt. Er hatte sich so auf diese Springstunde gefreut. Und was, wenn Zorro gar nicht wieder fit wird? „Meinst du, die Verletzungen sind schlimm?", fragt er Sandra. Die setzt sich neben ihn. „Nein, ich glaube nicht. Aber es wird ein paar Tage dauern, bis das verheilt ist. Hast du denn eine Idee, wer das gemacht haben könnte? Hattest du Streit mit jemandem hier aus dem Stall?"

Lukas überlegt. „Nein, eigentlich nicht. Gestern Abend habe ich mich noch mit Julia und Clara unterhalten. Die waren ganz erstaunt, dass ich heute in die Springstunde gehe. Sie meinten, Zorro wäre doch ein Dressurpferd. Und kein Springpferd. Aber ich habe ihnen erklärt, dass wir es probieren wollen. Und mal sehen, ob er nicht auch gut springen kann."

„Und wie haben Julia und Clara reagiert?", will Sandra wissen.

„Hm, Clara hat das nicht weiter interessiert, glaube ich. Julia sagte, dass sie ja auch gern mal springen würde. Aber ihre Jolanda sei dafür schon zu alt, meinte sie. Ich glaube, sie war traurig darüber. Dabei ist Jolanda doch noch richtig fit in der Dressur."

In diesem Moment fährt ein Auto auf den Hof. Lukas und Sandra springen auf. Es ist der Tierarzt. „Hallo, wo ist denn der Patient?", fragt er Sandra, nachdem er sie begrüßt hat.

„Hier, unser Zorro. Er hat wohl eine Mistgabel abbekommen."

„Hol ihn bitte aus der Box und binde ihn draußen an", fordert der Tierarzt Lukas auf. Lukas führt Zorro vorsichtig nach draußen.

Der Tierarzt sieht sich die Wunden an. „Das sieht schlimmer aus, als es ist", meint er schließlich. „Die Person, die das gemacht hat, hat zum Glück nicht fest zugestochen. Ich werde die Wunden versorgen. Dann solltest du drei Tage erst mal nur Schritt gehen. Und er sollte nicht auf den Paddock. Denn wenn er sich dort wälzt, kommt Sand in die Wunden. Dienstag schau ich mir Zorro noch mal an. Da bin ich sowieso hier für Ronaldo, nicht wahr?" Der Tierarzt schaut Sandra fragend an.

„Ja, Dienstag wollen Sie sich Ronaldos Zähne ansehen. Das passt ja. Dann können Sie Zorro noch mal untersuchen." Sandra nickt zufrieden.

Schließlich ist der Tierarzt fertig. Er packt seine Sachen zusammen und verabschiedet sich.

Lukas bindet Zorro los. „Ich gehe jetzt eine Runde Schritt mit ihm", erklärt er Sandra.

„Warte mal kurz. Lass uns überlegen, wer das gewesen sein könnte. Wer war denn gestern noch hier am Stall? Wahrscheinlich ist es ja gestern Abend passiert, nachdem du weg warst."

Lukas überlegt: „Als ich gefahren bin, waren noch Clara und Julia da. Und Justus. Die haben oben auf dem Heuboden gequatscht. Aber ich musste nach Hause."

Sandra überlegt. „Ich habe eine Idee. Nach der Springstunde haben die drei ja ihre Reitstunde. Da werde ich versuchen rauszufinden, was passiert ist."

„Wie willst du das machen?", fragt Lukas.

„Lass dich überraschen", erwidert Sandra. „Versuch, die Sache runterzuspielen, wenn einer der drei dich fragt, was los ist."

„Okay." Lukas zuckt mit den Schultern und trottet los. Zorro folgt ihm brav. „Wie will Sandra das nur anstellen?", fragt sich Lukas. „Es wird doch keiner zugeben, dass er das getan hat."

*Wie könnten Lukas und Sandra herausfinden,
wer Zorro verletzt hat? Hast du eine Idee? Schreibe
deinen geheimen Plan mit deinem Superstift hierhin:*

. . . .

. . . .

. . . .

. . . .

. . . .

. . . .

Lukas geht mit Zorro außen um den Reitplatz herum. Dort machen sich ein paar Reitschüler gerade für die Springstunde fertig. Sie traben ihre Pferde locker über den Platz. Sandra baut ein paar Hindernisse auf.

„Vielleicht können wir ja nächsten Samstag mitmachen", sagt Lukas zu Zorro und krault ihn an seiner Mähne. Das hat er ganz besonders gern. Lukas überlegt: War es wirklich jemand von Gut Roderstein, der Zorro verletzt hat? Er kann es sich

einfach nicht vorstellen. Alle, die hier reiten, lieben Pferde. Und sie sind alle bemüht, dass es den Tieren gut geht. Wie kommt man dann auf die Idee, ein Pferd mit einer Mistgabel zu verletzen?

Zorro zerrt am Halfter. Er möchte grasen. Lukas lässt ihn und schaut bei der Springstunde zu. Es sind keine hohen Hindernisse, die hier gesprungen werden. Es ist ja eine Stunde für Springanfänger. Es gibt ein Kreuz, einen niedrigen Steilsprung und einen Oxer. „Der Oxer sieht ganz schön schwierig aus", denkt Lukas. Aber er ist sicher, dass Zorro das kann. Sophie ist früher auch mit Zorro gesprungen, hat sie mal erzählt.

Während der Springstunde kommen auch Clara, Julia und Justus zum Reitplatz, um zuzuschauen.

„Hey Lukas", ruft Justus. „Wolltest du nicht mit Zorro springen?"

„Zorro ist verletzt", sagt Lukas kurz. Er ist plötzlich total unsicher. Was, wenn einer der drei der Täter ist? Wie soll er sich verhalten? Er schickt ein Stoßgebet zum Himmel: „Lieber Gott, hilf mir, jetzt nichts Falsches zu sagen. Und hilf uns rauszufinden, wer es war."

„Was hat er denn?", will Clara wissen.

„Eine Verletzung an der Kruppe. Nichts Wildes. Hoffe, dass ich in ein paar Tagen wieder reiten kann", erklärt Lukas. Er versucht, cool zu bleiben. Am liebsten würde er Clara anschreien, ob sie Zorro verletzt hat.

Sandra geht auf die drei Reiter zu. „Hey, könnt ihr vor eurer Reitstunde noch die Hindernisse abbauen? Wir fangen dann auch etwas später an, damit ihr eure Pferde fertigmachen könnt."

Julia mault: „Warum müssen wir das abbauen? Wir haben die Sprünge doch gar nicht benutzt. Die können doch die Springreiter selbst abbauen."

„Das machen sie sonst ja auch. Aber heute möchte ich, dass ihr mal helft. Es sind ja nur drei Hindernisse. Das schafft ihr schon."

„Ja klar", meint Justus. „Das können wir machen. Wir haben unsere Pferde ja schon geputzt. Wir müssen sie nur noch satteln und trensen."

Kannst du jedem Sprung seinen Namen zuordnen? Nimm einen Bleistift, um die Bezeichnungen mit dem passenden Bild zu verbinden.

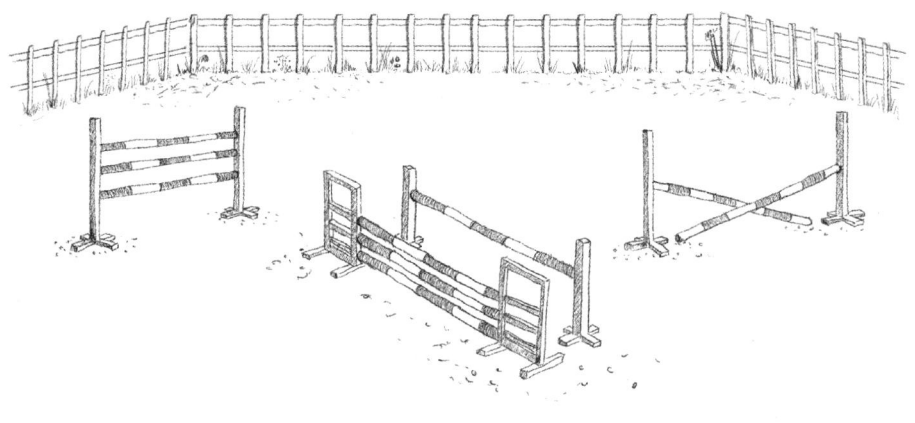

Steilsprung   Kreuz   Oxer

„Na prima. Danke", sagt Sandra. „Die Springer sind jetzt auch fast fertig. Sie müssen noch ein bisschen Schritt reiten. Ihr könnt schon mal anfangen."

Justus, Clara und Julia gehen auf den Reitplatz. Sie tragen die Stangen und die Ständer an den Rand. Lukas wundert sich. Sandra geht mit ihrem Handy zu den Stangen, die sie am Rand abgelegt haben. Und sie macht Fotos. Was soll das?

Justus wundert sich auch. Er wirft Lukas einen Blick zu. Der soll wohl so viel sagen wie: „Spinnt die?"

Clara scheint es gar nicht zu merken. Sie unterhält sich mit Lara, die mit ihrem Pflegepony Rico an der Springstunde teilgenommen hat. Julia scheint dagegen irritiert zu sein. Fast hätte sie eine Stange vor Sandras Bein gestoßen.

„Oh sorry", stammelt sie. „Was machst du da?"

„Ach, nur ein paar Fotos ...", sagt Sandra.

Warum macht Sandra Fotos von den Stangen? Hast du eine Idee?

Wie viele Fingerabdrücke findest du mit deiner Geheimlampe auf dieser Doppelseite?

„Fotos von den Stangen?" Julia wirkt sehr nervös. Plötzlich läuft sie zu den Stangen und wischt daran herum. „Das ist doch totaler Quatsch!", ruft sie hektisch.

„Ach ja?" Sandra hält Julias Arm fest. „Hast du etwa Angst, ich könnte deine Fingerabdrücke fotografieren? Und mit denen auf der Mistgabel vergleichen?"

„Nein, wieso? Wie meinst du das?" Julia gerät ins Stottern.

„Irgendjemand hat gestern Abend Zorro mit der Mistgabel verletzt. Und ich habe den Verdacht, dass du es warst."

Nun fängt Julia an zu weinen. „Mist, ja. Ich hab das gemacht. Aber ich wollte es gar nicht."

Lukas ist entsetzt. „Warum hast du es dann gemacht?", will er wissen.

„Ich war so neidisch auf dich. Mit Jolanda kann ich ja nicht springen. Und ich würde es so gern. Du hast mit Zorro so ein tolles Pferd. Und du hast gestern voll mit deiner blöden Springstunde angegeben."

Lukas schüttelt den Kopf. „Nein, ich wollte nicht angeben. Ich habe mich einfach auf die Stunde gefreut."

„Aber das ging mir total auf den Keks!", erwidert Julia.

Sandra sieht Julia ernst an. „Du weißt, dass du großen Mist gebaut hast, nicht wahr? Auch wenn du dich über Lukas geärgert hast – du darfst niemals einen Menschen oder ein Tier verletzen!"

Julia weint noch heftiger. „Ja, das ist mir schon klar. Nachher tat es mir auch leid. Aber ich konnte es ja nicht wiedergutmachen. Ich habe einfach gehofft, dass niemand merkt, dass ich das war."

Lukas ist ganz durcheinander. Einerseits ist er froh, dass Gott sein Stoßgebet erhört hat und sie die Täterin gefunden haben. Aber dass es ausgerechnet Julia ist? Lukas weiß nicht, was er denken soll. Eigentlich hat er sich immer gut mit ihr verstanden. Sie haben oft zusammen gelacht und Quatsch gemacht. Und davon geträumt, dass sie mal beim Turnier den ersten Platz belegen. Er ist total enttäuscht. Andererseits tut Julia ihm leid. Was erwartet Gott wohl jetzt von ihm? Was soll er zu Julia sagen? Er drückt Zorros Strick Clara in die Hand und geht auf Julia zu.

„Hey Julia, das war echt bescheuert, was du gemacht hast. Komm nie wieder auf die Idee, Zorro was anzutun!", sagt er ernst.

Julia schaut ihn erschrocken an: „Es tut mir wirklich leid. Ehrlich! Kannst du mir verzeihen?"

Lukas reicht ihr die Hand: „Ja, ich verzeihe dir."

Julia fällt ihm um den Hals. „Danke!", ruft sie erleichtert. Dann überlegt sie: „Wie wäre es, wenn du zum Ausgleich Jolanda in der nächsten Reitstunde reitest? Die kann zwar nicht springen, aber in der Dressur ist sie ziemlich gut."

Lukas nickt. „Okay, abgemacht."

Sandra sieht sehr erleichtert aus. „Ich bin stolz auf euch", sagt sie. „Super, wie ihr das geregelt habt. Es ist wichtig, dass man Fehler zugibt", sagt sie zu Julia. Dann blickt sie Lukas an: „Und es ist genauso wichtig, dass man anderen verzeiht. So, und jetzt sattelt eure Pferde!"

Hast du auf der letzten Doppelseite alle Fingerabdrücke gefunden?

Das Geheimnis von Gut Roderstein

„Herzlich willkommen zum Sommerfest", schreibt Clara mit schönen, geschwungenen Buchstaben auf ein großes Holzschild.

Justus schaut ihr über die Schulter. „Das sieht toll aus", sagt er anerkennend. „Ich habe schon ein paar Blumenkästen zum Eingang getragen. Dann stellen wir noch dein Schild dazu."

Am Wochenende findet auf Gut Roderstein das große Sommerfest statt. Es ist jedes Jahr ein ganz besonderes Ereignis. Kunsthandwerker bauen Stände auf und verkaufen ihre selbstgemachten Sachen. Dazu gibt es mehrere Essensstände. Und natürlich wird auch Ponyreiten für Kinder angeboten.

Da wollen Justus und Clara mithelfen. Außerdem haben sie sich fürs Dekorieren gemeldet. Das Gut soll schön und einladend aussehen. Deshalb werden die Pferdeboxen ganz beson-

ders ordentlich ausgemistet. Und überall wird gründlich gefegt.

Clara und Justus bringen ihr bemaltes Schild zum Eingang des Gutshofes. Mit einem Hammer schlägt Justus es in den Boden. Er wackelt einmal daran. „Das hält", ist er überzeugt.

In diesem Moment kommt Sandra vorbei. „Hey, das habt ihr aber schön gemacht", bewundert sie die Blumen und das Schild. „Das sieht sehr einladend aus."

„Ich fände es ja cool, noch ein paar alte Sachen auf dem Gut zu verteilen", erklärt Justus. „Alte Wagenräder oder Holztröge oder so etwas. Dann sieht es richtig kultig aus."

Sandra überlegt. „Auf dem Heuboden über dem Stall gibt es eine Rumpelkammer. Da findet ihr vielleicht was Passendes. Aber Vorsicht, da oben ist es bestimmt sehr staubig. Ich wollte da immer mal aufräumen. Aber ich bin einfach nicht dazu gekommen", fügt sie entschuldigend dazu.

„Umso besser", meint Clara. „Dann finden wir bestimmt ein paar coole alte Sachen. Und der Staub macht uns nichts aus. Nicht wahr, Justus?"

Justus nickt. „Natürlich nicht. Ich liebe Dachböden und Rumpelkammern. Vielleicht entdecken wir ja was Spannendes."

„Ja, bestimmt ein paar tote Mäuse", lacht Sandra.

Clara und Justus laufen zum Stall. Sie steigen die Treppe zum Heuboden hoch. Hier lagern große Ballen Stroh und Heu. Doch im hinteren Teil des Dachbodens ist ein großer Raum mit Holzbrettern abgetrennt. Neugierig öffnet Justus die wacklige Tür. Sie quietscht laut.

„Gibt es hier Licht?", fragt Clara. „Ich will nicht direkt auf eine tote Maus treten."

Justus sucht die Bretterwand ab. Er findet einen Schalter und macht das Licht an. „Das ist ja mega!", ruft er.

Was denkst du, was Clara und Justus auf dem Dachboden finden werden? Kreuze deine Vermutung mit deinem Geheimstift an.

- [ ] eine Schatzkarte
- [ ] einen alten Brief
- [ ] die Beute von einem Banküberfall

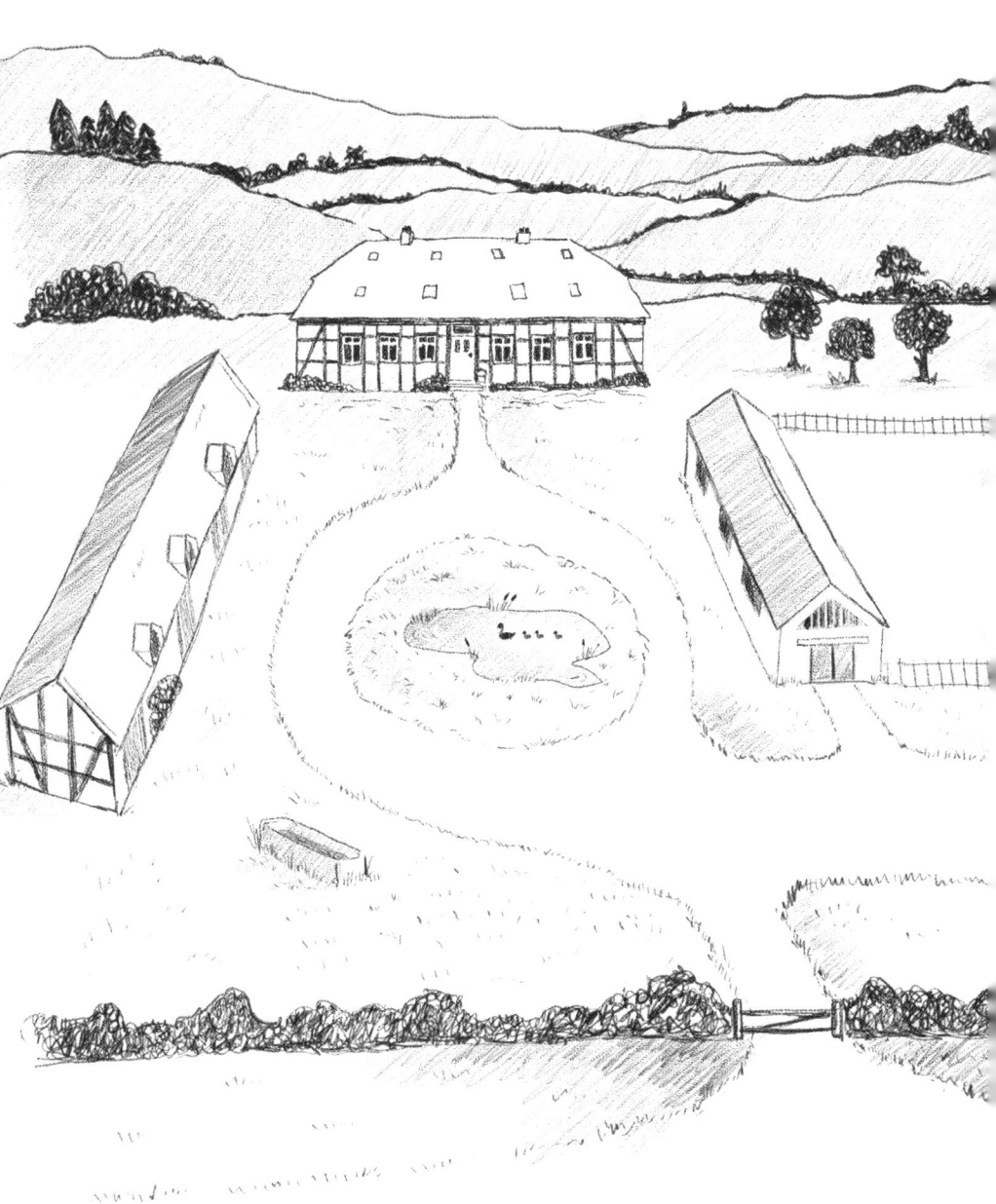

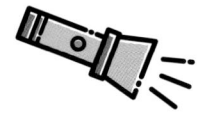

Der Raum ist voller alter Sachen: Schränke, Kisten, Tröge und Regale stehen überall herum. Dazwischen liegen oder stehen alte Sättel, Werkzeuge und Gegenstände, bei denen die beiden nicht wissen, wofür sie gut sind.

„Was ist das wohl?", fragt Justus und hält ein großes, eiförmiges Lederteil in die Höhe.

„Oh, das weiß ich", antwortet Clara stolz. „Das ist ein Kummet. Das tragen Kutschpferde um den Hals."

„Wenn wir das saubermachen, können wir es außen am Stall aufhängen", schlägt Justus vor.

„Ja, gute Idee", meint Clara. „Und schau mal, hier ist tatsächlich ein altes Wagenrad." Das Rad lehnt an einem Schrank hinter einem Haufen von Kisten und Gerümpel.

„Genau sowas hab ich gesucht", lobt Justus sie. „Dann müssen wir nur den Kram davor wegräumen."

Sie machen sich an die Arbeit. Es staubt heftig. Immer wieder müssen sie husten. Clara hebt eine kleine Holzkiste auf und will sie zur Seite stellen. Dann schaut sie genauer hin. „Guck mal, die Kiste hier. Sie sieht richtig alt aus. Was da wohl drin ist?"

„Schau doch mal rein", schlägt Justus vor.

„Sie lässt sich aber nicht öffnen." Clara zieht am Deckel. Er bewegt sich nicht.

Justus sieht sich um. Auf einem Regal liegen ein paar Schraubendreher. Er greift nach einem. „Probier es mal hiermit", schlägt er vor.

Clara steckt den Schraubendreher zwischen Kiste und Deckel. Es klappt. Mit lautem Quietschen öffnet sich der Deckel.

„Och, nur Papierkram", meint Clara enttäuscht. Sie hatte gehofft, alte Schmuckstücke zu finden.

„Zeig doch mal!" Justus ist neugierig. „Die sehen ja richtig alt aus. Die Schrift kann man kaum lesen", stellt er fest.

Justus nimmt ein paar alte Briefe aus der Kiste. Er versucht zu lesen, was da steht.

„Guck mal! Hier ist ein Brief von einem Grafen", er hält ein vergilbtes Stück Papier hoch. Es hat ein rotes Siegel in der Ecke. „Graf Hein…, nein Hinrich von Sö… von Söderstedt".

„Und was schreibt der Graf? Möchte er Reitstunden nehmen?" Clara kichert.

Hiermit fordere ich Julius Roderstein auf, mir die zwei Pferde, die er mir gestohlen hat, wieder zurückzugeben.

Graf Hinrich von Söderstedt

„Julius Roderstein?" Clara überlegt. „Das muss irgendein Ururopa von Sandra sein. Sie hat doch erzählt, dass sie vor ihrer Hochzeit Roderstein hieß. Und dass das Gut schon sehr lange ihrer Familie gehört."

„Aber warum hat dieser Julius dem Grafen zwei Pferde gestohlen?", fragt Justus. Ihm wird ganz komisch zumute. Was, wenn ihr geliebter Reiterhof früher einem Dieb gehört hat?

Clara zuckt mit den Schultern. „Das würde ich auch gern wissen. Wir können ja Sandra fragen. Vielleicht weiß sie, was damals passiert ist."

„Ja, okay. Aber lass uns erst mal dieses Wagenrad hier rausholen", schlägt Justus vor.

„Okay." Clara legt die Kiste mit den Briefen zur Seite. Sie hilft Justus, das Rad hochzuheben. Gemeinsam bringen sie es nach unten. Dann gehen sie noch einmal auf den Heuboden, um das Kummet herunterzutragen. Und schließlich holen sie noch die Kiste mit den Briefen.

Sandra ist im Stall. Sie putzt gerade die Fenster der Boxen. Zum Sommerfest soll alles sauber sein.

„Na, habt ihr was gefunden?", fragt sie die Kinder.

„Ja, ein altes Wagenrad", erklärt Justus. „Und einen Komet."

Sandra lacht. „Einen Komet? Meinst du vielleicht ein Kummet?"

Justus wird rot. „Ja, genau. Ein Kummet. Wir würden die beiden Sachen gern außen an die Stallwand hängen. Dürfen wir?"

„Ja, aber fragt bitte Marc. Er kann euch dabei helfen." Sandra will sich wieder dem Fenster zuwenden. Da merkt sie, dass Clara und Justus immer noch neben ihr stehen. „Ist noch was?", fragt sie.

Clara nickt. „Ja, wir haben diese Kiste gefunden." Clara hält sie hoch. „Da sind ganz alte Briefe drin. Die meisten können wir gar nicht lesen. Aber ein Brief ist von einem Grafen. Er will, dass Julius Roderstein zwei gestohlene Pferde zurückgibt. Warum hat dieser Julius denn die Pferde geklaut? Weißt du das?"

Sandra legt den Lappen zur Seite und wischt ihre nassen Hände an ihrer Hose ab.

„Zeig mal her!" Sie nimmt den Brief in die Hand und schaut ihn sich genau an. „Der ist ja mindestens 150 Jahre alt", meint sie schließlich. „Hm, keine Ahnung. Ich kann mich erinnern, dass es mal einen Julius Roderstein gab. Er war ein erfolgreicher Pferdezüchter. Aber viel mehr weiß ich nicht." Sie überlegt. „Mein Opa kommt auch zum Sommerfest. Der hat damals zwar auch noch nicht gelebt. Aber er kennt viele alte Geschichten vom Gut. Vielleicht kann er euch weiterhelfen."

„Oh, das wäre toll", meint Clara. „Dann lösen wir einen alten Kriminalfall."

„Du kannst die Kiste ja in meinem Büro lagern", schlägt Sandra vor. „Ich mach mit den Fenstern hier weiter."

„Ja, und wir bringen das Wagenrad auf Hochglanz", ergänzt Justus. „Und das … Kummet – richtig?"

Weißt du noch, was Clara auf das Schild geschrieben hat? Schreibe es mit deinem Geheimstift auf. Gar nicht so einfach, wenn man die Farbe nicht sieht!

....

....

....

Heute ist endlich das Sommerfest auf Gut Roderstein. Die Sonne strahlt vom Himmel. Das Gut zeigt sich von seiner schönsten Seite. Überall sind Kübel mit bunten Blumen verteilt. Mit Marcs Hilfe haben Clara und Justus das Wagenrad und das Kummet an der Stallwand befestigt. Das sieht sehr hübsch aus.

Zudem sind überall auf dem Gelände Stände aufgebaut. Da werden Kerzen und Töpfersachen verkauft. An einem Stand gibt es selbst gemachte Marmelade und Honig. Marc ist gerade dabei, den Grill anzumachen. Später soll es gegrillte Würstchen und Maiskolben geben.

Clara und Justus sehen sich interessiert um. Sie wollen unbedingt mit Sandras Opa sprechen. Vielleicht kann er ihnen helfen herauszufinden, was damals passiert ist. Später wollen sie noch beim Ponyreiten helfen. Aber erst mal müssen sie das Geheimnis von Gut Roderstein lösen.

Endlich entdecken sie Sandra an einem Stand, an dem Wolle verkauft wird. Sie unterhält sich mit der Verkäuferin. Als sie Clara und Justus sieht, winkt sie ihnen zu.

„Mein Opa ist schon da", ruft sie. „Ihr findet ihn im Stall. Er muss immer als erstes die Pferde begrüßen."

„Okay, danke", antwortet Justus. Schnell laufen sie zum Stall. Und tatsächlich: Vor Ronaldos Box steht ein alter Mann und krault ihm die Mähne. „Na, mein Guter", brummt er mit tiefer Stimme.

„Herr Roderstein?", fragt Clara schüchtern.

Der Mann dreht sich zu ihnen um. „Ja, der bin ich. Und wer seid ihr?"

„Ich bin Clara und das ist mein Freund Justus. Wir reiten hier."

„Und wir haben vor ein paar Tagen eine spannende Entdeckung gemacht", ergänzt Justus. „Sandra meint, dass Sie uns vielleicht helfen können."

„Aha", meint Sandras Opa. „Worum geht es denn?"

„Wir haben auf dem Heuboden einen sehr alten Brief gefunden", erklärt Clara. „Von einem Grafen Söderstedt. Er will zwei geklaute Pferde wiederhaben. Wissen Sie, was damals passiert ist?"

Herr Roderstein kratzt sich am Kopf. „Hm, da muss ich überlegen. Es gibt so viele alte Geschichten … Soweit ich weiß, gab es mit diesem Grafen immer wieder Ärger. Aber gestohlene Pferde? Davon habe ich noch nie etwas gehört. Wo habt ihr denn den Brief?"

„Der ist in Sandras Büro", sagt Justus. „Sollen wir ihn holen?"

„Ach nein. Lasst uns zusammen zum Büro gehen", meint Herr Roderstein. „Ich muss mich mal ein bisschen hinsetzen. Meine alten Knochen, wisst ihr …"

Im Büro stellt Clara die alte Kiste vor Herrn Roderstein hin und holt den Brief des Grafen heraus. Sandras Opa schaut ihn sich aufmerksam an. „Interessant", murmelt er. „Ich kann mir nicht vorstellen, dass Julius die Pferde einfach so gestohlen hat", erklärt er. „Von ihm werden viele Geschichten erzählt. Er hat angeblich auch mal bei einem Pferd im Stall geschlafen, wenn es krank war. Und er hat die Fohlen, die er gezüchtet hat, nicht an jeden verkauft. Er hat wohl immer darauf geachtet, dass die Pferde es dort gut haben. Das war zu der Zeit sehr ungewöhnlich. An Tierschutz hat damals keiner gedacht. Pferde waren Nutztiere. Fertig!

Deshalb haben viele den Julius für einen Spinner gehalten. Aber der Julius war ein sehr gläubiger Mann. Und er war davon überzeugt, dass Gott will, dass wir die Tiere gut behandeln."

„Natürlich will Gott das! Ist doch klar", empört sich Clara. „Wann hat Julius denn gelebt?", will sie wissen.

„Genau weiß ich das nicht. Das muss ungefähr von 1820 bis 1880 gewesen sein", überlegt Herr Roderstein. „Der Brief ist jedenfalls von 1865. Das steht ganz klein hier unten." Er zeigt auf eine kleine Notiz am unteren Rand des Briefes. Die hatten Clara und Justus bisher übersehen.

„Soweit ich weiß, gibt es im Keller noch alte Unterlagen", erklärt Sandras Opa. „Ich war seit Jahrzehnten nicht da unten. Aber wir können ja mal nachsehen. Oder wollt ihr nicht lieber das schöne Fest genießen?"

„Ich würde mir das sehr gern ansehen", erklärt Justus schnell. Das ist alles so spannend!

„Ich auch", sagt Clara. „Wir sind erst am Nachmittag zum Pony-Führen eingeteilt. Bis dahin haben wir Zeit."

Wie viele Schlüssel findest du mit deiner Geheimlampe auf dieser Doppelseite?

„Dann mal los", fordert sie Herr Roderstein auf. Er geht zu einem Schlüsselkasten, der an der Wand hängt. „Hier ist er", ruft er. Er nimmt einen rostigen Schlüssel vom Haken und geht los. Die Kinder folgen ihm.

Der Eingang zum Keller befindet sich außen am Haupthaus des Gutshofes. Eine steile Treppe führt nach unten. Herr Roderstein schließt die Kellertür auf.

„Gibt es hier Licht?", fragt Clara. Sie findet es ziemlich gruselig in diesem alten Keller.

„Ja, wir haben damals Strom legen lassen", erklärt Herr Roderstein. Er schaltet das Licht an. Sie stehen in einem düsteren Gewölbe. Der Boden besteht aus festgestampftem Lehm. Von den Wänden blättert die Farbe ab. Sandras Opa geht voraus. Sie kommen an mehreren Kellerräumen vorbei. Die meisten sind leer. In anderen stehen alte Kisten und Schränke.

„Hier unten ist es ziemlich feucht", erklärt Sandras Opa. „Deshalb nutzen wir den Keller gar

Hast du auf der letzten Doppelseite alle Schlüssel gefunden?

nicht mehr. Wenn man hier zum Beispiel Sättel aufbewahren würde, wären die schnell verschimmelt."

Clara rechnet damit, dass jeden Moment eine Fledermaus über ihre Köpfe fliegt. So ist es ja oft in gruseligen Filmen. Aber selbst die Fledermäuse scheinen diesen düsteren Keller nicht zu mögen.

Schließlich gelangen sie in einen Raum mit mächtigen Schränken an den Wänden. Diese Schränke bestehen nur aus großen Schubladen. Und an jeder Schublade stehen Jahreszahlen.

„Das ist unser Archiv", erzählt Herr Roderstein. „Eigentlich müsste man die Sachen auch woanders aufbewahren. Aber bisher hat sich niemand für das alte Zeug interessiert. So, hier könnt ihr jetzt mal gucken. Vielleicht finden wir hier weitere Unterlagen zu dem Fall." Er steht vor einem Schrank, auf dessen Schubladen Jahreszahlen mit 1800 stehen.

In welcher Schublade müssen die Kinder suchen?

Herr Roderstein zieht eine Schublade heraus. Darin befinden sich viele Papiere. Alle sind mit derselben alten Schrift beschrieben wie der Brief vom Grafen.

„So, dann wollen wir mal schauen. Könnt ihr die Schrift lesen?", fragt der alte Mann.

„Nein", gibt Clara zu. „Überhaupt nicht."

„Ich kann sie ein bisschen lesen", erklärt Justus. „Meine Oma hat ein altes Liederbuch mit so einer ähnlichen Schrift. Sie hat versucht, mir die Buchstaben beizubringen. Aber richtig gut kann ich das nicht."

„Aha!", ruft Sandras Opa plötzlich. „Hier ist was!" Er zeigt den Kindern ein eng beschriebenes Blatt.

„Zeu – gen – aus – sage", liest Justus stockend vor.

„Nicht schlecht", sagt Sandras Opa anerkennend. Er rückt seine Brille zurecht und liest laut:

„Hiermit erkläre ich, August Schuster, Knecht auf Gut Roderstein, was sich zugetragen hat. Graf Hinrich hat gefordert, dass ich komme und seine Pferde reite. Damit sie ihm angenehm sind. Aber die Pferde des Grafen werden schlecht gepflegt. Sie bekommen minderes Futter. Und sie werden viel geschlagen. Deshalb kann der Graf sie nicht gut reiten. Und schlägt sie noch mehr. Ich habe das meinem Herrn, dem Gutsherrn Julius Roderstein, geschildert. Er war sehr zornig und hat mit dem Grafen gesprochen. Aber der Graf wollte sein Verhalten nicht ändern. Da hat der Gutsherr mich beauftragt, die beiden Reitpferde des Grafen in seinen Stall zu bringen. Damit der Gutsherr sie pflegen und zurechtrichten kann. Er wollte sie erst zurückgeben, wenn der Graf verspricht, sie besser zu behandeln."

Opa Roderstein lacht laut auf. „Ja, das passt zu dem alten Pferdefreund Julius. Ganz schön mutig von ihm. Früher hatten die Grafen viel zu sagen. Da kam man in große Schwierigkeiten, wenn man sich mit einem Grafen angelegt hat."

„Das heißt also, er wollte die Pferde nur retten?", fragt Clara nach. „Aber er durfte sie doch trotzdem nicht einfach klauen."

„Nun ja", erklärt Herr Roderstein. „Rein rechtlich durfte er das wohl nicht. Vor allem nicht bei dem Recht, das damals galt. Da gab es ja noch kein Tierschutzgesetz. Aber manchmal muss man auch gegen Gesetze verstoßen, um etwas Richtiges und Gutes zu tun. Oder man muss jemandem widersprechen, der eigentlich das Sagen hat."

„Einer Reitlehrerin zum Beispiel?", fragt Justus. „Aber ich würde mich nie trauen, Sandra zu widersprechen."

„Aber stell dir vor, Sandra – oder eine andere Reitlehrerin – würde sagen, du sollst dein Pferd am Anfang der Reitstunde sofort galoppieren. Ohne es im Schritt warm zu reiten. Da wäre es doch gut und sinnvoll, ihr zu widersprechen. Und nicht zu tun, was sie verlangt hat. Ihr wisst ja, dass sich ein Pferd verletzen kann, wenn man es nicht warm reitet. Oder?"

Clara und Justus nicken. Sie haben im Frühling das Reitabzeichen gemacht. Dabei haben sie auch solche Sachen gelernt.

„Wenn es darum geht, ein Tier oder auch einen anderen Menschen zu schützen – dann ist das erlaubt. Dann darf man auch ungehorsam sein. Oder jemanden verpetzen. Wenn du zum Beispiel

siehst, dass ein Erwachsener ein Kind schlägt –
dann darfst du das deinen Eltern oder einem anderen Erwachsenen erzählen. Denn es ist verboten,
Kinder zu schlagen."

„Dann war das also gut, was dieser Julius und
sein Knecht gemacht haben?", fragt Clara noch
mal nach.

„Ja, das finde ich schon. Spannend wäre nur,
zu wissen, wie die ganze Sache ausgegangen ist."
Herr Roderstein sucht in der Schublade nach weiteren interessanten Papieren. „Ich glaube, hier ist
nichts mehr. Nur Rechnungen für Futter. Und Verträge von Pferden, die verkauft wurden."

„Vielleicht ging das im nächsten Jahr weiter",
überlegt Justus. Er sucht die Schublade mit der Zahl
1866 und zieht sie heraus. Oben auf einem Stapel
Papier liegt ein Brief, der ähnlich aussieht wie der,
den sie auf dem Heuboden gefunden haben.

„Hier ist noch ein Brief von Graf Hinrich", ruft
Justus begeistert. „Hier – mit er – kläre ich … Puh,
ist das mühsam", stöhnt Justus.

„Soll ich das vorlesen?" fragt Opa Roderstein.
Die Kinder nicken.

Was denkst du, was in dem Brief steht? Schreibe deine
Idee auf, bevor du die Antwort liest.

. . . .

. . . .

. . . .

. . . .

. . . .

. . . .

. . . .

. . . .

„Eins zu null für Julius", stellt Clara fest. „Er hat sich durchgesetzt. Das ist doch erstaunlich, oder?"

„In der Tat", meint Sandras Opa. „Er war eben ein echter Roderstein", schmunzelt er. „Aber jetzt wird es Zeit, dass wir wieder in die Sonne kommen. Die Würstchen müssten nun fertig sein. Ich habe richtig Hunger."

„Ich auch", stellt Justus fest. „Und jetzt haben wir ja das Geheimnis von Gut Roderstein gelüftet."

Irgendwo in diesem Kapitel ist eins der Fohlen versteckt, die Julius Roderstein gezüchtet hat. Kannst du es mit deiner Geheimlampe finden?

Ein gefährlicher Sturz

Es ist immer etwas Besonderes, wenn ein neues Schulpferd auf Gut Roderstein ankommt. Deshalb stehen heute mehrere Kinder auf dem Platz vor dem Stall. Sie warten auf die Ankunft von Franka, dem neuen Schulpferd. Sandra hat ihnen erzählt, dass Franka eine hübsche Fuchsstute ist. Nun sind alle sehr gespannt. Endlich kommen Marc und Sandra mit dem Pferdehänger angefahren. Vor dem Stall bleiben sie stehen und steigen aus.

„Was ist denn hier für eine Versammlung?", fragt Sandra lachend.

„Wir wollen Franka begrüßen", erklärt Ella. „Ist doch klar."

„Geht mal bitte etwas zur Seite", fordert Marc sie auf. „Franka ist bestimmt nervös, wenn sie aus dem Hänger kommt." Er öffnet die Tür und führt Franka vorsichtig rückwärts heraus.

„Ist die schön!", ruft Lara begeistert.

„Aber ganz schön groß", meint Ella. „Größer als Zorro, oder?", fragt sie Lukas.

Der überlegt: „Ungefähr gleich groß, würde ich sagen."

Franka trippelt auf der Stelle. Nervös schaut sie sich um. Marc spricht beruhigend auf sie ein. Dann führt er sie zu ihrer Box im Stall.

„Darf ich sie am Freitag reiten?", will Ella wissen. Sandra winkt ab. „Erst mal abwarten. Sie muss sich ja hier eingewöhnen. Die ersten Male werde ich sie reiten. Ich weiß noch nicht, wann sie in den Reitstunden mitgeht. Das machen wir alles ganz in Ruhe."

Am nächsten Tag reitet Sandra Franka zum ersten Mal. Lara und Ella sind gleich nach der Schule zum Stall gefahren. Sie stehen am Tor zur Reithalle und schauen ihr zu.

„Und, wie ist sie so?", fragt Ella.

„Noch ein bisschen steif", erklärt Sandra. „Für sie ist eben alles neu hier. Aber ich denke, sie wird ein richtig gutes Schulpferd."

„Kann man mit ihr auch springen?", will Lara wissen.

„Ja. Meint zumindest ihre Vorbesitzerin. Sie ist mit ihr auch auf Turniere gegangen, hat sie erzählt."

„Und warum hat sie Franka verkauft?"

Sandra hält bei Ella und Lara an: „Ihre Besitzerin wollte gern höhere Turniere reiten. Dafür braucht sie ein besseres Pferd. Aber für uns ist Franka genau richtig, denke ich." Sie reitet im

Schritt weiter und klopft Franka den Hals. „Braves Pferd."

In den nächsten Tagen wird Franka immer gelassener. Sie scheint sich gut einzugewöhnen. Ella ist begeistert, als sie auf dem Reitplan sieht, dass sie tatsächlich am Freitag Franka reiten darf. Lara freut sich mit ihr.

„Ist das denn für dich okay?", fragt Ella ihre Freundin.

„Ja klar. Ich reite doch am liebsten Rico. Natürlich würde ich auch mal gern Franka reiten. Aber eigentlich ist sie mir zu groß. Ich mag Ponys lieber", erklärt Lara.

Am Freitag ist Ella ziemlich aufgeregt. Es ist immer etwas Besonderes, ein Pferd zum ersten Mal zu reiten. Jedes Pferd fühlt sich anders an. Und jedes Pferd reagiert anders. Mit klopfendem Herzen führt Ella Franka zur Reithalle. Aber die Stute scheint ganz ruhig zu sein. Beim Putzen und Satteln war sie auch brav.

Angespannt steigt Ella auf. Vorsichtig reitet sie los. Franka reagiert sofort auf ihre Schenkelhilfen.

„Das sieht gut aus", meint Sandra.

Auch als Ella in den Trab übergeht, gibt es keine Probleme. Ella genießt die Reitstunde auf Franka. Ihre Aufregung ist wie weggeblasen.

„Willst du auch mal galoppieren?", fragt Sandra.

„Na klar", sagt Ella. Sie lenkt Franka auf den Zirkel und gibt die Galopphilfen. Franka fällt in einen weichen Galopp. Es ist wunderschön.

„Super macht ihr das!", lobt Sandra.

Lara, die mit Rico in der Reitstunde ist, freut sich mit Ella. „Ihr passt wirklich toll zusammen", schwärmt sie. „Vielleicht kannst du Franka ja beim nächsten Turnier reiten."

„Ach, warte mal ab", meint Ella. „Bis zum Turnier ist es noch lange hin. Aber cool wäre das …"

Auch in der nächsten Woche kann Ella Franka reiten. Sie ist wieder ganz begeistert. „Unser neues Traumpaar", lacht Lukas, der bei der Reitstunde zugesehen hat.

Doch am Freitag darauf ist Franka beim Satteln nicht so brav wie sonst. „Hey, was ist denn los?", fragt Ella und streicht ihr übers Fell. „Ist doch alles wie immer."

Aber heute ist nichts wie immer. Als Ella aufsteigen will, dreht Franka sich weg. Ella probiert es noch mal. Aber sie hat keine Chance.

„Sandra, kannst du Franka bitte festhalten. Irgendwie ist sie so unruhig heute."

Sandra kommt herüber. „Ja, gestern war sie in der Reitstunde mit Clara auch ziemlich nervös. Wir müssen das beobachten. Vielleicht hat sie irgendwas. Aber manchmal ist es bei Pferden wic bei uns: Sie haben auch mal einen schlechten Tag."

Sandra hält Franka fest, während Ella aufsteigt. Franka tänzelt los.

„Was hat sie denn nur?", fragt Ella unsicher.

„Versuch, ruhig zu bleiben", rät Sandra. „Ich schau mir das an."

Ella ist eine gute Reiterin. Aber Frankas Verhalten verunsichert sie. Trotzdem versucht sie, ganz normal zu reiten. Sie geht erst ein paar Runden Schritt. Dann lässt sie die Stute traben. Anfangs geht es ganz gut. Doch plötzlich wirft Franka die Hinterbeine hoch. Ella ist so überrascht, dass sie sich nicht halten kann. In hohem Bogen fällt sie in den Sand. Franka buckelt und galoppiert durch die Halle.

Sandra ist sofort bei Ella. „Hey, alles okay?", fragt sie. Ella rappelt sich auf. „Meine Schulter tut weh." Sie weint. „Warum hat Franka das gemacht? Es hat doch sonst immer so gut geklappt mit uns."

„Kannst du die Schulter denn normal bewegen?", will Sandra wissen.

„Ja, ich glaub schon", meint Ella.

Franka hat sich in der Zwischenzeit beruhigt. Sie steht am anderen Ende der Reithalle und schaut zu ihnen herüber. Sandra geht langsam zu ihr und greift nach ihren Zügeln. Sanft spricht sie mit der Stute.

Was denkst du: Warum verhält sich Franka so merkwürdig? Kreuze an:

☐ *Franka ist krank.*

☐ *Jemand hat Juckpulver unter Frankas Sattel gelegt.*

☐ *Franka hat verdorbenes Futter gefressen.*

*Stelle deinen Freunden oder deiner Familie eine Rätsel-
aufgabe: Male mit deinem Geheimstift unsichtbare
Hufeisen auf diese Seite. Merke dir, wie viele Hufeisen
du versteckt hast! Nun können deine Geschwister,
deine Eltern oder deine Freunde mit der Speziallampe
die Hufeisen suchen.*

„Soll ich noch mal aufsteigen?", fragt Ella.

„Ich glaube, das ist keine gute Idee", stellt Sandra fest. „Irgendwas ist mit Franka. Da möchte ich jetzt niemanden draufsetzen. Ich werde sie nach der Reitstunde selbst noch einmal reiten. Willst du dir schnell Luna fertig machen? Dann kannst du auf ihr noch ein bisschen reiten."

Ella nickt. Inzwischen schmerzt ihre Schulter nicht mehr ganz so stark. Das gibt sicher einen blauen Fleck. Aber schlimmer ist die Enttäuschung. Ella kann einfach nicht verstehen, dass Franka sie abgeworfen hat. Wenn sie sich vor irgendwas erschreckt hätte, wäre das ja nachvollziehbar. Aber es gab anscheinend keinen Grund für ihr Verhalten.

Ella holt Luna aus der Box und legt ihr den Sattel auf. Da sie schon in einer früheren Reitstunde geritten wurde, braucht sie sie nicht zu putzen. In der Halle steigt sie auf das schwarze Pony auf. Aber es ist so anders, es zu reiten. Franka hat weiche Bewegungen und geht gern vorwärts. Luna ist träge und es ist anstrengend, sie im Trab zu halten. Aber noch mal auf Franka aufzusteigen – das hätte sich Ella auch nicht wirklich getraut.

„Hoffentlich wird es bald wieder besser mit ihr", denkt sie traurig.

Nach der Reitstunde steigt Sandra auf Franka auf. Auch bei ihr reagiert die Stute nervös und unwillig. Als Sandra antrabt, buckelt Franka. Aber Sandra sitzt sicher im Sattel. Sie hat viel Erfahrung mit Pferden und fällt nicht so schnell herunter. Doch Franka wird immer wilder. Sie wirft die Hinterbeine in die Luft. Dann wieder geht sie vorn mit den Beinen hoch. Schließlich bringt Sandra sie zum Stehen.

„Das hat keinen Zweck", sagt sie. „Ich glaube nicht, dass sie sich aus Bosheit so verhält. Es muss irgendeinen Grund haben."

„Aber wie kann man den herausfinden?", fragt Ella, die zugesehen hat.

„Zuerst werde ich den Tierarzt anrufen. Wir haben Franka beim Kauf zwar untersuchen lassen. Und da ist nichts aufgefallen. Aber vielleicht muss man noch mal genauer hinsehen." Sandra überlegt. „Und ich könnte die Vorbesitzerin fragen, ob das früher schon vorkam. Manchmal haben Pferde komische Angewohnheiten. Oder Angst vor bestimmten Sachen. Wir hatten mal ein Pony, das total Angst vor einem Besen hatte. Da durfte man die Stallgasse erst fegen, wenn er in der Box stand. Sonst ist er durchgedreht."

„Ich hoffe, das klärt sich alles", meint Ella. „Ich habe mich schon so in sie verliebt …"

„Ja, ich weiß." Sandra nickt. „Aber wenn sie sich so verhält, ist es zu gefährlich, sie zu reiten."

Ella nickt. Ja, das versteht sie natürlich. Enttäuscht ist sie trotzdem.

Sandra ruft den Tierarzt an und macht einen Termin aus. Dann wählt sie die Nummer von Tanja, Frankas früherer Besitzerin. „Hi, Tanja, wir haben ja Franka von dir gekauft. Bisher war sie auch richtig gut als Schulpferd. Aber heute hat sie scheinbar ohne Grund gebuckelt und ein Mädchen abgeworfen. Zum Glück ist nichts Schlimmeres passiert. Hat sie das bei dir auch mal gemacht? Oder gibt es irgendetwas, worauf sie so reagiert?"

„Nein", beteuert Tanja. „Bei mir hat sie sowas nicht gemacht. Keine Ahnung, was sie hat."

„Okay, danke", antwortet Sandra und beendet das Gespräch. Sie ist ein bisschen skeptisch. Ob Tanja die Wahrheit gesagt hat? Ihre Antwort kam sehr schnell und sie war sehr kurz angebunden. Aber das muss natürlich nichts bedeuten. Sandra ist es wichtig, immer erst davon auszugehen, dass jemand die Wahrheit sagt. Allerdings ist sie auch schon oft enttäuscht worden.

An diesem Nachmittag ist sie mit einer neuen Reitschülerin verabredet. Lena ist 13 und vorher in einem anderen Stall geritten. „Dort gibt es keinen Reitunterricht", erklärt Lena. „Und das fehlt mir."

Sandra nickt. „Ja, regelmäßiger Unterricht ist schon wichtig, wenn man weiterkommen will. Wie lange reitest du schon?"

„Ich habe mit acht Jahren angefangen. In einem Stall mit vielen Ponys. In den letzten Jahren hatte ich dann verschiedene Reitbeteiligungen."

Sandra erklärt ihr die Abläufe auf ihrem Hof. Zum Schluss will sie ihr noch die Schulpferde zeigen. Als sie den Stall betreten, streckt Rico seinen Kopf aus der Box.

„Oh, der ist ja süß!", ruft Lena. „Aber für den bin ich leider zu groß."

„Da hast du recht", stimmt Sandra zu. „Das ist Rico. Daneben steht Luna. Die könntest du vielleicht reiten."

Lena geht weiter und steht vor Frankas Box. „Das glaub ich nicht", ruft sie erstaunt. „Ist das nicht Franka?"

„Ja", erwidert Sandra verblüfft. „Du kennst sie?"

„Oh ja", nickt Lena. „Ist sie auch ein Schulpferd?"

„Wir haben sie erst vor ein paar Wochen gekauft", erklärt Sandra. „Am Anfang war auch alles prima. Aber gestern ist sie etwas durchgedreht. Sie hat scheinbar ohne Grund ein Mädchen abgeworfen. Und das war keine Anfängerin, sondern eine gute Reiterin. Ich bin dann noch mal drauf. Aber bei mir hat sie auch gebockt und gebuckelt. Ich habe noch keine Idee, woran das liegen kann."

„Vor zwei Jahren war ich Reitbeteiligung bei ihr", erklärt Lena. „Mit Tanja, ihrer Besitzerin, hatte ich ausgemacht, dass ich mich an zwei Tagen in der Woche um sie kümmere. Also Box misten, putzen und auch reiten. Aber Franka war an manchen Tagen kaum zu reiten. Ich bin auch mehrmals von ihr abgeworfen worden. Zum Glück ist nie was Schlimmes passiert. Aber meine Mutter hat mir dann verboten, sie weiter zu reiten. Zum Glück gab es in dem Stall noch eine andere Pferdebesitzerin, die eine Reitbeteiligung für ihren Wallach suchte."

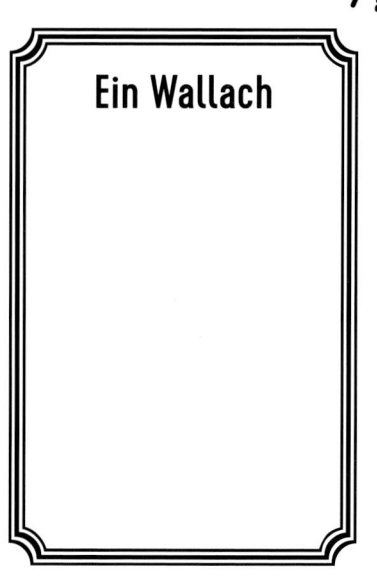

Ein Wallach

„Komisch", wundert sich Sandra. „Ich habe heute noch mit Tanja telefoniert. Sie hat mir versichert, dass Franka so ein Verhalten bei ihr nicht gezeigt hat."

„Aber das ist eine Lüge!", ruft Lena empört. „Ich verstehe vor allem nicht, wie sie Franka an eine Reitschule verkaufen konnte. Das ist doch voll gefährlich, wenn da Kinder oder Anfänger drauf reiten."

„Weißt du denn, woran es bei Franka liegt, dass sie so schwer zu reiten ist?"

„Ich meine, sie hat irgendwas am Rücken." Lena überlegt einen Moment. „Aber ich kann mich nicht genau erinnern."

„Na gut, morgen kommt sowieso der Tierarzt", erklärt Sandra. „Vielleicht wissen wir dann mehr."

„Aber was macht ihr dann mit Franka?"

Sandra zuckt mit den Schultern. „Wenn es ein grundsätzliches Problem ist, können wir sie als Schulpferd nicht einsetzen. Dann müssen wir sie zurückgeben."

Lena runzelt die Stirn: „Geht das denn so einfach? Ein Pferd kann man doch nicht einfach umtauschen, oder?"

„Nein, natürlich nicht. Aber erst mal abwarten, was der Tierarzt sagt."

Am nächsten Tag ist der Tierarzt schließlich da. Ausführlich untersucht er Franka: ihren Rücken, ihre Beine, ihren Bauch …

Wo sind diese Körperteile beim Pferd?
Zeichne mit dem Bleistift einen Pfeil von jeder
Bezeichnung zu der richtigen Stelle am Pferd.

Knie   Brust   Kruppe   Widerrist   Genick

„Ich denke, dass ihr Rücken nicht ganz okay ist", meint er schließlich. „Aber um das genau zu wissen, müsste ich eine Röntgenaufnahme machen."

Nachdem der Tierarzt Frankas Rücken geröntgt hat, zeigt er Sandra die Aufnahmen.

„Kein Wunder, dass sie ihre Reiterin abgeworfen hat", erklärt er. „Sie hat Kissing Spines. Das heißt, dass Teile der Rückenwirbel aneinander reiben. Das haben viele Pferde. Aber bei Franka ist es sehr ausgeprägt. Sie muss ziemliche Schmerzen haben, wenn jemand auf ihr sitzt."

„Aber warum erst jetzt? In den letzten zwei Wochen war ja alles okay", wundert sich Sandra.

„Wahrscheinlich hat sie eine Spritze bekommen. Solche Spritzen lindern die Schmerzen für einige Zeit. Aber irgendwann lässt die Wirkung wieder nach." Der Tierarzt zögert. „Da hat die vorherige Besitzerin wohl ein bisschen nachgeholfen, damit sie ihr Pferd verkaufen kann."

„Aber das ist doch unverantwortlich", schimpft Sandra. „Sie wusste ja, dass wir Franka als Schulpferd kaufen. Und dass sie dann auch von Kindern geritten wird."

Der Tierarzt zuckt mit den Schultern. „Manche Leute machen sich darüber keine Gedanken. Ihnen geht es nur um den eigenen Vorteil. Es sind nicht alle so wie du, Sandra."

Sandra wird rot. „Ach, komm!", winkt sie ab.

„Nein, im Ernst: Du kümmerst dich immer darum, dass es deinen Pferden und den Reitschülern gut geht. Das finde ich gar nicht selbstverständlich. So, jetzt muss ich aber los. Die nächsten Patienten warten."

Als der Tierarzt gerade vom Hof fährt, kommt Ella mit ihrem Fahrrad angefahren. Sie kommt direkt von der Schule. Sofort stürmt sie zu Sandra in den Stall. „Und, was hat der Tierarzt gesagt?"

Sandra schaut sie traurig an: „Franka hat ein Problem im Rücken. Das lässt sich leider nicht behandeln. Wenn sie ein guter Reiter reiten würde, könnte man ihre Rückenmuskeln vielleicht so gut trainieren, dass sich das Problem löst. Aber für den Schulbetrieb ist sie nicht geeignet."

Sandra erzählt Ella, was sie von Lena erfahren hat: dass Franka die Probleme schon früher hatte. Und dass ihre Besitzerin ihnen das verschwiegen hat.

„Und was willst du jetzt machen?", fragt Ella.

„Tja, eigentlich müssten wir Franka zurückgeben. Aber das möchte ich nicht. Tanja wird sie wahrscheinlich an den Nächstbesten weiterverkaufen. Mir wäre wichtig, dass Franka ein Zuhause findet, wo es ihr gut geht. Andererseits kann ich sie auch nicht verschenken, wir haben ja einiges für sie bezahlt."

„Weißt du was?", meint Ella. „Du kannst doch diese Tanja anrufen und ihr sagen, dass sie einen Teil von dem Geld zurückgeben muss. Sonst verklagst du sie. Eine Freundin von meiner Mama hat sowas wie einen Gnadenhof für Tiere. Da leben Pferde, Schweine, Schafe und ein paar Ziegen. Vielleicht kann sie Franka aufnehmen."

„Das wäre eine Idee. Ich bespreche das mit Marc. Und dann sehen wir weiter. In der Zwischenzeit kannst du schon mal die Telefonnummer von der Freundin deiner Mama besorgen."

„Das mach ich", verspricht Ella. „Ich muss jetzt sowieso schnell nach Hause. Mein Papa wartet bestimmt schon mit dem Mittagessen auf mich."

Am nächsten Tag telefoniert Sandra mit Tanja.

Es ist ein sehr unangenehmes Gespräch. Nach einigem Hin und Her gibt Tanja schließlich zu, dass Franka die Rückenprobleme schon länger hat. Und dass sie das Pferd aus diesem Grund verkaufen wollte. „Ja, das war ziemlich dumm von mir, sie ausgerechnet an eine Reitschule zu verkaufen", gibt sie zerknirscht zu. „Aber ich wusste nicht, was ich sonst machen sollte. Ich brauche ja das Geld, um mir ein neues Pferd zu kaufen."

Sie einigen sich, dass Tanja einen Teil des Kaufpreises zurückgibt. Dafür verzichtet Sandra auf weitere Schritte gegen sie.

Dann ruft Sandra bei Jenna, der Freundin von Ellas Mutter, an. Sie hat tatsächlich noch einen Platz für ein Pferd frei. „Vielleicht kann Ella ja auch mal vorbeikommen und sich ein bisschen um Franka kümmern. Mit ihr grasen gehen oder sie ordentlich putzen", schlägt Jenna vor.

„Wie ich sie kenne, macht sie das bestimmt gern", erwidert Sandra.

Und natürlich ist Ella einverstanden. Ihre Mutter hat auch nichts dagegen, ihre Freundin nun öfter zu besuchen.

Am nächsten Wochenende bringen Sandra und Ella Franka in ihr neues Zuhause. Es ist ein alter Bauernhof mit mehreren Ställen und vielen Weiden. Jenna begrüßt sie freundlich.

Sandra führt Franka aus dem Anhänger. Neugierig blickt die Stute sich um. Dann wiehert sie.

„Na, du wirst dich hier bestimmt wohlfühlen", lacht Sandra. Und dann bringt sie die Stute in ihre neue Box.

Weißt du noch, welches Kind am liebsten welches Pferd mag?

Rico   Jolanda   Franka   Zorro

Harry Voß

Ben & Lasse – Das Agenten-Knobel-Rate-Buch

Ben und Lasse geraten während des Familienurlaubs an der Nordsee in mehrere knifflige Kriminalfälle – und diesmal kann man sogar selbst mit raten und beim Lösen der Fälle helfen! Mit der beigefügten Spezial-Lampe kann dann jeder prüfen, ob er die richtige Lösung herausgefunden hat.

Gebunden, 142 S.
ISBN: 978-3-417-28795-0

Spielen • Glauben • Rätseln • Wissen

In KLÄX, dem Monatsmagazin für Kids ab 7, steckt jede Menge Spaß, Wertvolles und Wissenswertes: Comics, Glaubens-Basics, Juniorreporter unterwegs, Bibelstorys, Detektivgeschichten, Tierinfos, Poster, Rätsel und vieles mehr.
KLÄX begleitet junge Leser ein Stück auf ihrem Weg durch die Welt und mit Gott.

Ein Abonnement (10 Ausgaben im Jahr) erhalten Sie in Ihrer Buchhandlung oder unter:

www.bundes-verlag.net

Deutschland:
Tel.: 02302 93093-910
Fax: 02302 93093-689

Schweiz:
Tel.: 043 288 80-10
Fax: 043 288 80-11

www.klaex.net

SCM
Bundes-Verlag